SEERENS REJSE

Vejen til oplysning

Almine

Udgivet af Spiritual Journeys LLC

Copyright 2012 MAB 998 Megatrust

Af:
Almine
Spiritual Journeys LLC
P.O. Box 300
Newport, Oregon 97365

www.spiritualjourneys.com
www.almine.dk

Grafiske kunstnere
Josh Lawrence
Eva Pulnicki

Forside Layout af Paul Downes

ISBN 978-1-936926-58-9 (Fysisk udgave)
ISBN 978-1-936926-59-6 (Adobe Reader)

Indholdsfortegnelse

"Hvilken uvurderlig oplevelse, at få lov til at få et glimt ind i et af vor tids mest bemærkelsesværdige liv. Denne bog vil gøre et uudsletteligt indtryk."

—H.E. Ambassadør Armen Sarkissian,
Tidligere Premierminister i Armenien,
Astro fysiker, Cambridge University,
United Kingdom

Om forfatteren

Almine er en mystiker, healer og lærer, som i
årevis har rejst gennem mange lande og har
udvidet tusindvis af menneskers bevidsthed,
som er tiltrukket af hendes letforståelige ud-
lægning af avancerede metafysiske begreber.
I kølvandet på hendes ydmyghed og uselviske
arbejde, er der sket ubeskrivelige mirakler.

I sit liv, beriget af det mystiske og hellige, har
hun stået ansigt til ansigt med mange af de
gamle mestre af lys, med fuld erindring om
gudernes gamle sprog i skrevet og talt form.

Hendes lære er centreret om idéen, at det ikke
bare er muligt at leve et liv i fuldkommenhed
og kærlighed, men at det er en fødselsret for
ethvert menneske at opnå et sådant niveau af
perfektion. Hendes rejse er blevet en læring i
at leve i det fysiske, hvor man opretholder den
fine balance mellem almindelig bevidsthed og
samtidig er i en fuld udvidet bevidsthed.

"Når vi lever i nuet, lever vi i en tilstand af kraft og styrke, på linie med evig tid og intentionen fra Det Uendelige. Vores vilje bliver blandet med den guddommelige vilje."

—Almine

Seerens rejse

Lang og passioneret har min rejse været for at forstå livets mening. Jeg søgte det i fællesskab med naturen, fastende i ørknerne og i de høje bjerge. Jeg så efter det i den vises og tåbens øje, men fandt i dem kun billedet af mig selv.

Min søgen bragte mange svar, men spørgsmålene ophørte aldrig med at eksistere. Alle veje førte rundt og rundt, men endte altid hos mig selv. Da jeg lå i mine tæpper i Montanas bjerge, så jeg at alle stjerner drejede gennem nattens hjul, undtagen Nordstjernen. Ubevægelig og klar stod den på sin himmelske trone.

Således, som mange før mig, gik jeg ind i den indre stilhed, hvor stemmen fra mit spørgende sind blev stille. Floderne strømmede i mig. Jeg var vinden og de vilde heste, som jagede over prærien. Lyksaligheden var dyb, slugte alt begær. Jeg mærkede ingen grænser. Latter rislede gennem mine celler. Jeg smagte guddommelig ekstase, som honning i min gane.

Men dybt i døsigheden af min udvidede be-
vidsthed, et spørgsmål gik som et ekko gen-
nem min sjæl. Drømmen havde forladt drøm-
merens sind, men var drømmeren nu ikke
gået ind i drømmen? Jeg var blevet stille som
Nordstjernen, men havde ekspanderet for at
inkludere den indre bevægelse.

Dog igen, som jeg lå på min seng, betragtende
alt liv bevæge sig indeni mig, hørte jeg en
svag hvisken: Livet er en rejse, ikke en lejr. Så
afhængige, som masserne er af deres begræn-
sede opfattelser, sådan er også den vise, som i
sin lyksalighed bliver et med alt.

Seeren som søger med brug af sine sanser
vokser i styrke og klatrer altid højere. For den
oplyste mester, som ikke søger at forstå mere,
siver personlig styrke gennem hans fingre
som en håndfuld sand.

Seerens spiralformede rejse, den vises flade
ekspanderen — at leve hvor disse to er forenet,
var for mig den næste fase. Minder fra barn-
dom og latter kom igen tilbage. Det ukendtes
eventyr mod fjerne horisonter drager på ny.

Dog, barnet kan ikke vende tilbage til livmo-
deren, ej heller kan floden vende tilbage til
sit udspring. Ved at genindtræde i de menne-
skelige vilkårs drama og igen spille min part
vidste jeg, at skønt spillet havde værdi, var jeg
ikke rollens skuespiller.

Fra en ørns perspektiv kunne jeg se livet og
samtidig se som sneglen. Jeg levede i stormens
øje, i hvile. Guddommelig utilfredshed ledte
mig videre. Jeg vidste, der måtte være flere
ubesvarede spørgsmål, noget endnu uset.

Alt som levede i kosmos dvælede i mit væsen.
Alle svarene i formernes verden var allerede
blevet set. Ad snørklede stier havde jeg rejst
på jorden. Jeg mestrede nu tid og rum. Jeg var
rejst ind i skjulte verdener, hvor få seere tør
komme, mellem dæmoner, engle, drager og
guder, med ønsket om at finde ud af, hvad de
ved.

Hver enkelt havde en side af livets bog, men
jeg gjorde en stor opdagelse: I menneskets
hjerte var hele bogen gemt.

Al kosmisk viden ligger i mennesket, men er skjult af selvoptagethed. Den tætteste af alle skabninger mennesket er mikrokosmos i det makrokosmiske liv.

Det er lokkende at gå på opdagelse og lege blandt vidunderlige verdener af lys. Men rundt og rundt, som en fisk i en bowle, er livet i det som er kendt.

Tiden er et værktøj, snarere end en realitet. Den
hjælper med til at opretholde illusionen om form.
I tidløsheden slipper tyranniet sit greb om ideen,
at form fremtræder som fast.

Jeg nedskrev min rejse uden at overveje om nogen ville tro på eller spotte mine ord. Som en opdagelsesrejsende drivende på et endeløst hav, kortlagde jeg rigerne hinsides sindet, mens jeg håbede på at efterlade nøglerne til portene, som fængsler menneskeheden.

Livets herlighed åbenbarede sig i sine dele, ikke desto mindre syntes det uvirkeligt. Vi lever i en verden af spejle og jeg følte en voksende utilfredshed. Gennem frihed fra sindet kommer vi fri af vore begrænsninger og kan se mere klart. Men bag rum og tid og illusionen om form ligger mere som er uvirkeligt.

Hinsides alle tidligere grænser ind i riger af tidløshed, hvor endog illusionen om nuet falder væk, ledte jeg efter Uendelighedens ophør. Min krops felter knustes af belastningen, da jeg så spejlenes endeløse gentagelse.

Knusningerne som skyldtes hjertets smerte og kval bragte en stor velsignelse. Jeg kunne rumme mere lys, nå mere klarhed, mens jeg forvandledes ind i udødeligheden.

Sindet blev totalt stille, som en sø der ligger uforstyrret i månelyset. Automatisk skrift og tale forekom uden forstyrrelse af en eneste tanke.

Kongerigernes sprog, hemmelighederne i livets subatomare byggeblokke — alt det jeg behøvede at vide dukkede op. Det var ikke længere nødvendigt at søge i kosmos.

Alt mens jeg sad ved mit bål eller gik på en travl gade, åbnede himlene sig. Jeg så store undere. De mangfoldige lag af spejle, som omslutter vores kosmos var ikke andet end lag af membraner, ligesom dem man finder i huden.

Klynger af kosmos så store som vores lå som en spiral sti. Jeg fandt tolv snoede stier af kosmos`er mere. De udgjorde én klynge af mange, som ligger ind i evigheden.

Der var ingen grund til at rejse gennem mysterie rigerne. Ingenting syntes lukket for mig. Min krop forvandlede sig ind i udødelig fuldkommenhed.

Øjeblikket er defineret ved, hvad det ikke er. Alt hvad der kan defineres er uvirkeligt.

Efterhånden som jeg lærte og observerede, hvad jeg kunne se, præsenterede dybe svar sig for mig. Umådelige som spiralerne, der udvider sig ind i evigheden, var de dog kun refleksioner af en DNA streng.

Hvis man står i spejlsale, strækker en uendelig række af billeder sig i alle retninger. Den mindste bevægelse påvirker alle. Sådan er det med livet. Alle de store fejende forandringer af evigt udfoldende virkelighed, er kun en projektion gennem den mindste af livets byggeblokke.

Gennem hjertet af livets subatomare partikler skinner billederne af den udfoldende forandringsløshed i Det Ene Liv. Dette var drømmens natur.

Gennem livets byggeblokke, Det Uendelige illumi-
nerer den kosmiske udfoldelse på en endeløs scene.

Jeg har stirret gennem uendeligheden, men det var spejlbilleder. Som alle spejlbilleder, det modsatte af hvad det er, frembringer uophørlige refleksioner.

Gennem hjertet af de subatomare partikler, så jeg nu gennem det mindste vindue ind i evigheden. Der blev min dårskab åbenbaret. Der er ingen umådelig storhed og ingen lidenhed, ingen indre og ydre, for modsætninger kan ikke eksistere adskilt fra hinanden.

I det ydre bor det indre. I opvågningen holder drømmen stand. I kosmisk udfoldelse ligger evig uforanderlighed. Jeg søgte efter de mange i Den Ene, men alt jeg kunne finde var mig selv.

Men i spejlet så jeg klart, at forskellige livsformer dansede på livets scene. Hvordan kunne der ikke være en anden? Hvor blev deres skønhed af?

Dybt i mit hjerte blev disse ord hvisket: "Skønheden du så var din. Oceanets umådelighed kan aldrig blive delt eller defineret".

Der er kun Et Væsen i eksistensen, som ud-
trykker sig i formløs skikkelse. Spejlbilledet
du forestillede dig, peger som en finger på dig
selv og viste dig det du ikke er, det du selv må
vide.

Min form må også være uvirkelig, defineret af,
hvad jeg ikke er. Scenen jeg danser mit liv på,
formet af de mikroskopiske byggeblokke, er
også en illusion. Er jeg så en hul knogle, som
aldrig virkelig eksisterede?

Uden den hule knogle kan du aldrig skabe en
fløjte. Det Uendelige livs åndedræt skaber ud-
søgt musik gennem fløjten.

Således skal jeg ubebyrdet danse. Jeg skal in-
gen selvrefleksion søge. For spejle kan aldrig
vise Det Ene Liv, som spontant bevæger sig
gennem mig. I illusionens begrænsede form
føler jeg taknemlighed, mens jeg ved det tjener
Det Ene Livs formål af spontan kreativitet.

Alt liv er det uerkendelige. Der er ingenting
at forstå, ingenting at stræbe efter af blive, når
vi er et udtryk for Den Ene. Dog det skabte er

skaberen. I Det Ene Liv kan der ikke være no-
get personligt forhold. At omfavne modsigel-
sen er at leve livet i fred.

Uendelighedens skriftruller

Hvor langt har jeg søgt, hvor højt har jeg fløjet,
for til sidst at kende freden ved overgivelse?
Skabt gennem Det Ene Liv — dette kosmiske
hjem, hvor jeg er al ting dog altid alene.

Men med vore vinger må vi også have rødder,
for at kunne glæde os over tingene på jorden.
De hellige biblioteker med dybsindige gaver,
kan blive fundet i mange lande af dem der
kan se.

Hør nu deres længe bevarede visdom. De er
begravet under jordens sand.

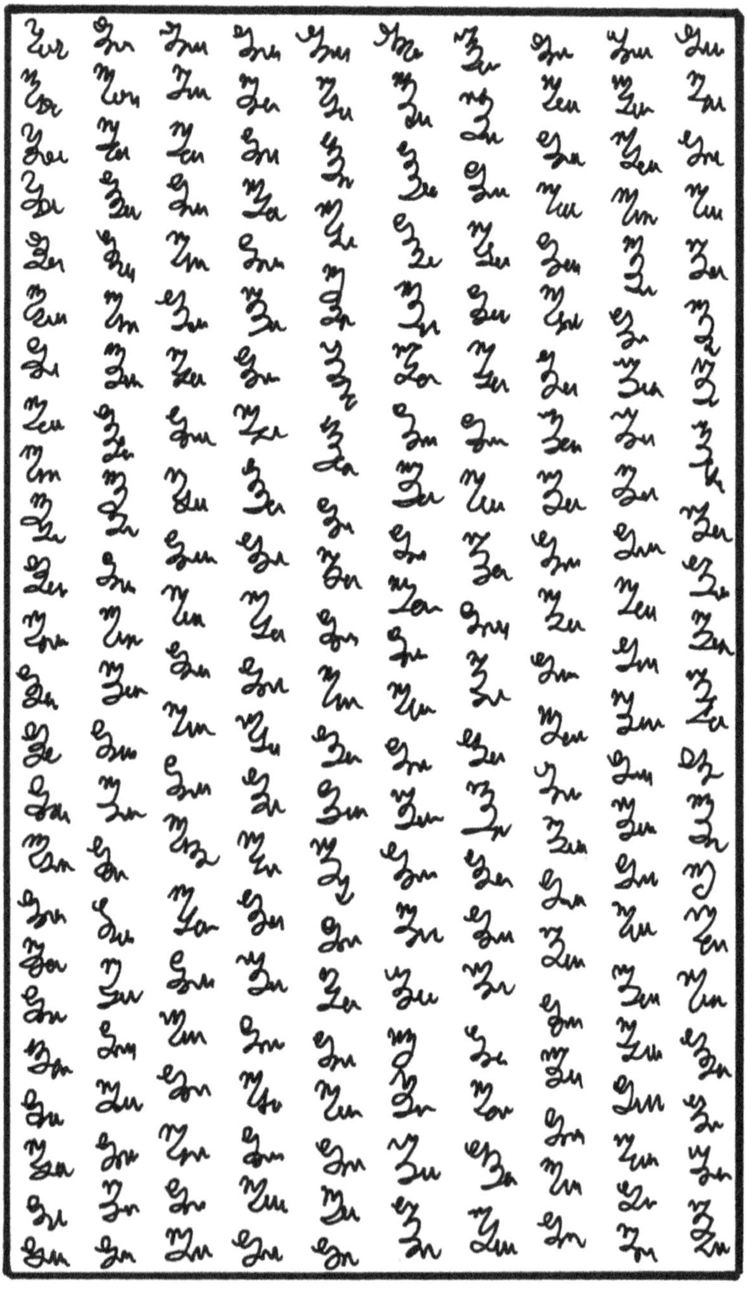

Uendelighedens skriftrulle nr. 1

Hvad er udødelighed, andet end en forlængelse af en for længst glemt drøm? Søgningen efter bestandighed er sindets dårskab, klamrende sig til struktur, nægtende at forlade fortiden.

Når stilhed og bevægelse bliver ét i det indre, kan udødelighed understøttes uendeligt. Men vedblivende at være det samme uden omskiftelighed er en umulighed i Det Ene Liv.

Overgiv dig ikke til døden, men behersk livet og skift så din form som skyerne på himlen. I regnens dans eller flodens strøm, lad livets dans udfolde sig gennem dig.

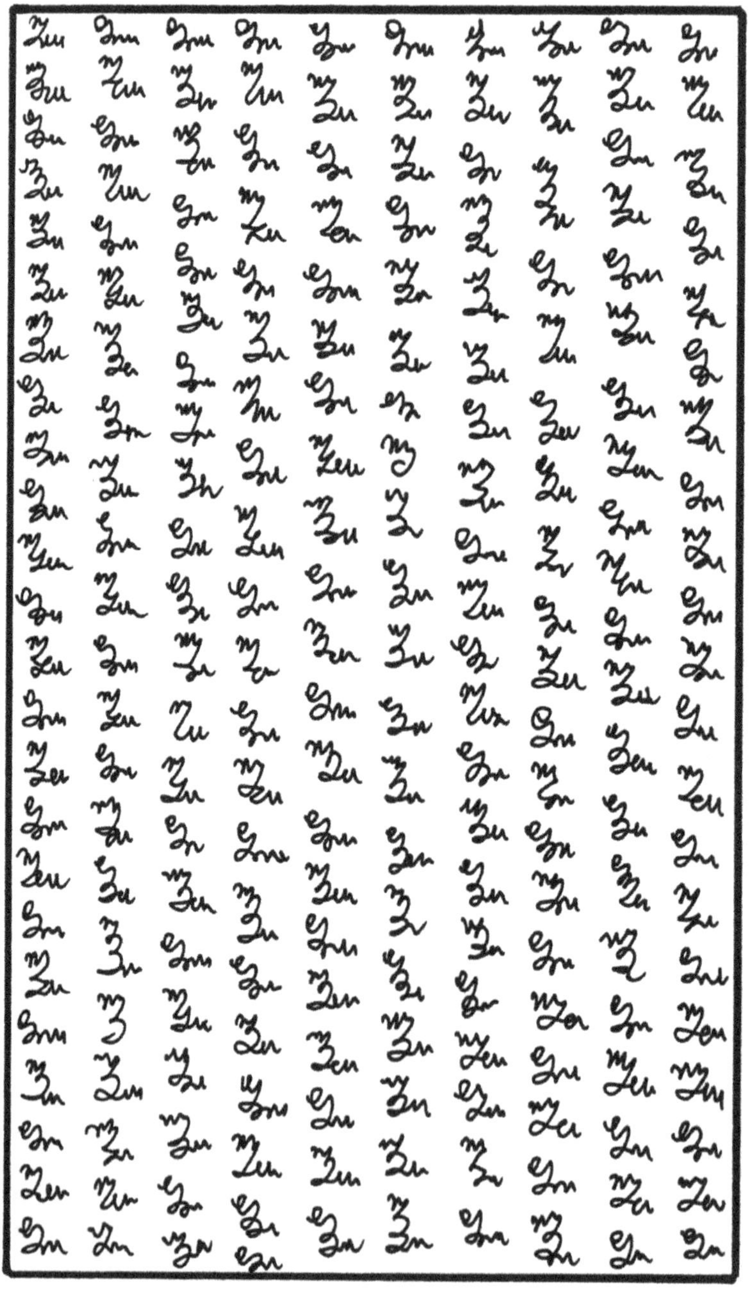

Uendelighedens skriftrulle nr. 2

Lad ikke kroppen herske, men bliv herre over dens behov. Kroppen er et værktøj, et flygtigt hylster, som flyder i det rumløse rum i Uende-ligheden. Alt det vi ser omkring os er kun en mulighed, indtil vi bekræfter dets eksistens.

Kroppen lokker os ind i tænkning vi kender. Den giver illusionen om et referencepunkt indeni evighedens strøm. Som en dansers fød-der må den adlyde. I ekstatisk forening med Det Uendelige, danserens dans er ikke hans egen. Han kan ikke fordre nogen succes eller fejltagelse, men kun enhed med Det Ene Liv.

Uendelighedens skriftrulle nr. 3

Den som tror han ved er fanget i puppen af
det kendte. Den som lever i det uerkendelige
flyver fri som en sommerfugl.

Illusionen om det kendte holder os i et jord-
bundet perspektiv, ligesom sommerfuglelar-
ven der kravler på bladet uden at være op-
mærksom på, at over ham danser sommerfug-
len på vinden. For sådan en person passerer
livets muligheder uset forbi.

Ingen matrix eller program eller strukture-
ret resultat kan eksistere. Disse er den store
svindlers – det rationelle sinds – illusions-
numre. Bedraget af sanserne og narret ind i
den tænkning at livet er forudsigeligt, må livet
fremstå som noget der kan defineres. I stedet
for er det nyudfoldet i sit udtryk.

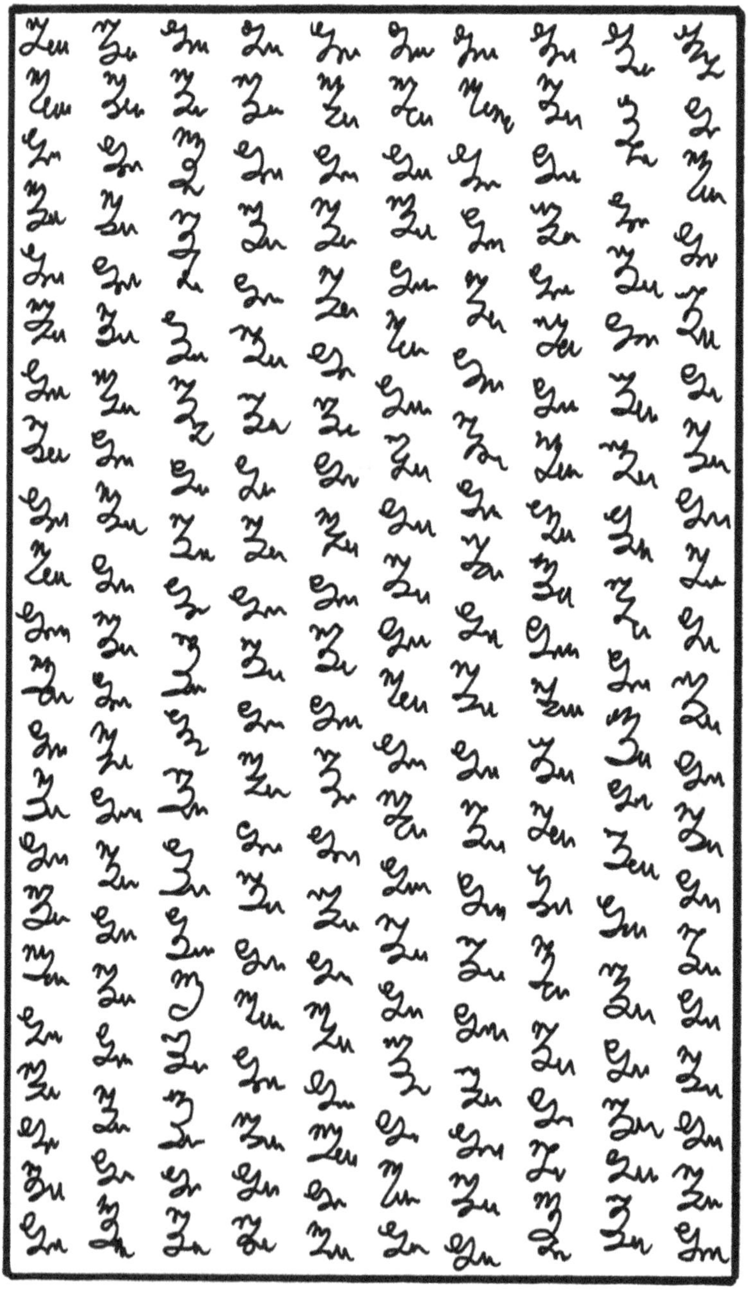

Uendelighedens Skriftrulle nr. 4

Gennem sammenfletningen af trossystemer har vi skabt et net af skabelser. Trådene i vores trossystemer stammer fra vores forsøg på at kontrollere livet ved at skabe og definere virkeligheden.

Skabelse er en illusion — blot noget man forstiller sig. Det er når vi tror det er virkeligt, at spillet former en illusorisk virkelighed. Intet nyt på livets scene kan blive skabt, før det uforanderlige og det foranderlige dvæler som et i Det Uendelige Liv.

Illusionen, som skygger på væggen, er fremtryllet ved at vi ikke ser, at vi ikke behøver at skabe livet, kun deltage i dets endeløse overraskelser.

Uendelighedens skriftrulle nr. 5

Det har været antaget, at alting har en begyndelse. At noget oprindeligt går forud for skabelsen rummer en dobbelt illusion for intet er blevet skabt og ingenting er blevet påbegyndt. Evigt har vi været til stede, udtrykt os som Den Ene.

Søg ikke livets oprindelse. Lig ikke under for afhængigheden af at vide. For sindet fikserer på sikkerhed og modsætter sig den ubevægelige, uerkendelige strøm.

Der er ingen retlinet bevægelse, ingen årsag og virkning, når vi dvæler i tidløshed, som Det Ene Evige Væsen.

Omfavnelse af det formløse

Og mange nyligt opvågnede i daggryet, som ønskede at blive fri af drømmen, samledes for at spørge, hvad deres hjerter ville vide — hvordan livet var mere end det forekom...

Hvorfor er det sådan, når der er mere end én
der kan ses, at alt må eksistere som kun Det Ene
Væsen?

Når du vågner fra livets drøm, en formløs
form i livets endeløse hav, nye værktøjer er
nødvendige i rumløst rum, for at danse med
Det Ene Liv i en paradoksal omfavnelse. Lad
et mangesidet sanseapparat erstatte de fem
sanser. Når behovet for at vide forsvinder, vil
viden strømme ubesværet.

Så skal du smage vindens åndedræt. Du skal
se musikkens lyd. Du skal høre følelserne i en
andens hjerte, som musik i en brise.

Men hvorfor ser vore øjne rumligt og vort syn deler og bedrager?

Synets bedrag skyldes at vi tror på bedraget. Vi tror at form er statisk, at det er virkeligheden vi ser.

Hvordan kan vi nogensinde blive frie fra et sådant bedrag?

Ved at ryste os fri af lænkerne af tankegangen, at vi tror vi ved; ved at leve som et barn, der undersøger det ukendte.

Og fortæl os nu om tale… for det som er bekræftet er det der sker.

Når du modtager kommunikation, lyt ikke med dine ører. Lad alle sanser og hjertet bag kommunikationen høre. Assimilation kan ikke ske, når der er tanker i sindet. Når tankerne er stille, vil du finde den sande intention bag sproget.

Er sprog et forældet værktøj til at erobre virkeligheden?

Du kan lige så godt gribe en faldende stjerne — eller række ud efter evigheden.

Hvorfor afholder vi os ikke fra at tale, hvis der ikke er noget at opnå?

Det eneste sprog nogen hører er Det Ene Livs evige sang. Når der i virkeligheden kun eksisterer Et Væsen, hører kommunikation ikke til. Kommunikation er del af livets store sammensværgelse. For at danse foregiver det dualitet.

Men er sprog så en ven eller fjende, når det filtrerer andres ord?

Spil spillet som livet skitserer, men husk at ingenting kan høres...

Hvad er pointen ved at spille livets spil, når jeg kun søger sandheden?

Søg ikke det du dvæler i. Sandheden er Det Uendeliges Væsen. Spillet du spiller er for din skyld, for at sætte dig fri fra det tilsyneladende. Uden forstillelse er der ingen individuelle danseformer. Ved at foregive der er slægtskab fødes forskellige udtryk.

Fortæl os om livscykler, om det der foregik før...

Forestillede stadier af en drøm, intet andet.

Men er vi endnu i cykler, som endeløst gentager
sig? Måske bare større end dem vi tidligere har set?

Cykler kommer fra lineær tid, som spiraliserer
rundt og rundt. Overalt hvor det er forekom-
met, er der fundet cyklisk forandring sted.

Burde vi forandre, når vi dvæler i forandringsløs
forandring? Hvad er vores ansvar? Vær venlig at
besvare disse spørgsmål.

Der er ikke behov for ansvar for din del, når
Det Uendeliges udfoldelse blomstrer gennem
dit hjerte.

Men når jeg forbliver i enheden og i stilhed overgiver mig, hjælper det så med at opløse alle illusioners domæne?

Der er kun perfektion; selvom illusion spiller sin rolle. Der er intet at forbedre. Lev blot autentisk gennem hjertet.

Hvorfor er perfektion ikke synlig og kaos synes at regere? Hvorfor ser der ud til at være mangel og mange lider stadig?

Fra et mindre udsigtspunkt kan en højere orden ikke ses. Det fremtræder som kaos skabt af tilfældighed. Smerte kommer fra det umulige vi forsøger at gøre; for at gå imod Det Ene Livs dans. Gennem vores modstand opstår smerte.

Hvilken besked ville du give os, som din del fra denne dag?

Du kan ikke forlade det som du er. Vi er Én og det samme.

Seerens visdom

Når retningerne kommer hjem til hjertet og der ikke mere er linearitet, bliver vi døren til alting.

Mod er kun nødvendig for at sætte sig udover sindets indvendinger. Når sindet er stille, er den rette handling automatisk.

Jorden er min vugge og himmelen er mit tæppe. Hvor jeg end går er jeg hjemme.

Sindet skaber spejlbilleder og kæmper så imod dem. Når jeg venter i stilhed, åbenbarer alt liv sig selv for mig.

Livet skifter, men skifter dog ikke. I dets ud-
foldelse forvandler en form sig til en anden.
Skønt det kan synes destruktivt er der kun
spontan perfektion.

Hvad vi ser på befæster vi. Hvad vi erfarer,
udfolder sig i uendelige muligheder.

Hvad der er virkeligt er ubestikkeligt og ufor-
anderligt. Gennem formens falskhed skinner
det virkelige igennem og Det Ene Liv stråler.

Når handling ingen dagsorden har, bliver
handling og væren et. Fredfyldt hvile slumrer
i mit arbejde. Arbejde bliver ikke arbejde mere.

Skønhed kan kun ses når sindet er stille og
hjertet er åbent. Hvad er skønhed andet end et
øjebliks glimt af Evigheden?

Hvor der er en deling er der illusion. Når no-
get kan defineres er det uvirkeligt.

Når vi ved, at livet er en drøm, kan vi blive klardrømmere, mestre af drømmeomgivelserne. Virkeligheden bliver flydende i stedet for statisk og et liv i mirakler opstår.

Når du lever i tidløshed betyder det ikke, at du ikke lægger mærke til, hvad du har foran dig, men hvad der er foran dig, er alt hvad der er.

Den indviede ved han kan forandre sine om-
givelser ved at forandre sig selv, Mesteren ken-
der ingen forskel, men nyder sine omgivelser
som sig selv.

Nødvendigheden af ydre love for at regere det
indre menneske forudsætter, at mennesket er
en funktion af sine omgivelser snarere end et
udtryk for Det Ene Liv.

Samfund kan være en velsignelse eller en kæde der binder. Det er kun et redskab som har til formål at tjene individet i samfundet, ikke en tyran, der kræver at individet bærer konformitetens maske.

Kroppen er et felt som kan undværes og erstattes af et andet. Den er kun en tjener. Den virkelige del af os er Mesteren.

Omgivelser kan tjene som en spejling af hvad
vi er, fordi det er os. Det er blot en ejendom-
melighed ved vores syn, at vi ser det som
adskilt.

Selvtillid kommer fra ego identifikation med
det lille selv. Tro på sig selv kommer fra viden
om vores ufejlbarlighed, som Det Ene Liv.

Barmhjertighed kommer af skyld. Skyld kommer af at dømme og at dømme komme af manglende evne til at se, at noget som eksisterer tjener et formål, ellers ville det ikke være der.

Når vi ser tilbage kommer fortiden til live i nutiden. Når vi ser fremad skaber vi en fremtid med muligheder kun fra øjeblikket uden bidrag fra kommende øjeblikke.

For at leve hinsides dødens grænser må vi leve
fra kernen af vort væsen, og som en tilstede-
værelse så stor som kosmos, samtidig med at
vi har en menneskelig erfaring.

For at den totale Enhed kan eksistere, må alle
væsener være intetkøn. Deres maskulinitet og
femininitet må forenes i en perfekt harmonisk
enhed.

Al programmeret opførsel må opløses i det flydende udtryk af Det Uendelige gennem os. Dette omfatter de betingede forventninger af, hvorledes maskulinitet og femininitet udtrykkes.

Dette at omfavne alt som muligt forekommer, når alle definitioner og forventninger er opløste.

Som en kanal for strømmen af Det Uendeliges ressourcer, må vi betragte os selv som bestyrere snarere end som ejere.

I enhed med Det Ene Liv ophæver vi illusion i vore omgivelser, idet vi altid dvæler på hellig grund.

Hvad er livets drøm andet end de usungne no-der, der slumrer som muligheder i musikken?

Værdsæt illusionens rolle for hvad der ikke er set, for gaverne det bringer bliver forvrænget i dets udtryk.

Individualisering kommer fra skyggen der
omgiver det, som er belyst af Det Ene Liv.

Helbredelse af dualitet ved at spille alle noder-
ne straks betyder ikke slutningen på sangen,
men ved at lade hver node som bliver spillet
spejle det hele indeni den.

Selv om den illusoriske form skulle dø, så læn-
ge vi ved uden et øjebliks tvivl, at vi ikke er
det som er forgængeligt, en anden vil øjeblik-
kelig dannes i dets sted.

Ingen er virkelig fri som bærer identitetens
maske. Han bliver en dukke i andres hænder.

Således som et edderkoppespind fanger et møl, således fanger programmer den menneskelige sjæl. Befri kraftfuldt dig selv fra dem.

Livets sang bliver uharmonisk når vi fokuserer på illusion, livets usungne noder. Vores fokus bevirker at de forandrer sig fra mulige lyde til aktuelle uharmoniske toner.

Når vi lever i fylden fra Det Uendeliges tilstedeværelse, bliver kun den illusion tilbage som understøtter dansen. Det som spænder ben for danserens nåde opløses.

Skønhed set med øjnene er den illusoriske skønhed af form, der som lerkrukken henrykker i dag men går i stykker i morgen.

Når forandring er lineær og vi rækker ud efter fremtidens muligheder, bliver vi skubbet ud af tidløshedens uskyldige renhed. Når forandringen er eksponentiel kommer fremtidige muligheder nu.

Når skønhed ses med hjertet, forbinder vi den virkelige del af os selv til den virkelige del af livet. Vi træder ind i Det Ene Liv.

Tanker holder fortiden fast, ligesom forkalkning indsnævrer de nutiden. Kun ved at erstatte tanker med ubesværet viden opløses de.

Form og tid er forbundne ligesom den imaginære lineære progressions fugls to vinger. Når vi lever i tidløsheden, bliver vi frigjort fra formen.

Rigelige ressourcer bliver vores når vi forlader
livets bevægelse, som er tiden. Når vi bliver
den indre stilhed kommer alt til os.

Fortrydelse kommer når vi tror vi har haft
succes og fejltagelser. Som en del af Det Ene
Livs drøm flød livet simpelthen gennem os.

Vore små egoer har ingen valgfrihed. Alt liv
er dirigeret af Det Ene Liv. Den eneste måde at
blive fri på er at blive Det Ene Liv.

Årsager inden i drømmen skaber ingen virk-
ning. Det gør Det Ene Liv. Når vi holder op
med at påvirke livet flyder mirakler gennem
os.

Vi tror vi kan forandre os uafhængigt af vore omgivelser. Men vi er alting. Når vi forandrer os, forandres alt.

Tung energi eksisterer ikke. Et område af oceanet kan ikke have mere tung energi end et andet, inden i livets udelelighed.

Fred i verden kommer fra indre fred. Indre fred kommer når den indre mandlige og kvindelige del forenes til en perfekt enhed.

Når vi prøver at fixe livet dømmer og deler vi, derved modsætter vi os livet. Anerkendelse af helhed opløfter.

Forværring er kun til stede, når der er modstand mod livet. Livets sande natur er ubestikkelig.

Der kan ikke være sådan noget som orden, når dette er defineret som struktur. Det er kun et kontrollerende værktøj skabt af sindet.

Der kan ikke eksistere kaos. Ingen fejl eksiste-
rer i Den Ene. Kaos er ikke andet end måden
vi beskriver det, som unddrager sig vores
forståelse.

Alvidenhed er ikke tilgængelig gennem sin-
det, men kommer som et uanstrengt og spon-
tant udtryk fra hjertet.

På intet tidspunkt kræver livet at vi forstår det. Det Ene Liv ved alt og fra vores lille perspektiv er det ubegribeligt.

Enhver relation er en illusion i Det Ene Liv, endog den indre relation mellem den der iagttager og det iagttagede.

Selvrefleksion forhindrer renheden af et spontant liv ved at skabe et forhold til sig selv.

Det Ene Livs alvidenhed og dygtighed kan vi trække på. Det er en illusion at læring er nødvendig for at udføre høj kvalitet.

Livet omkring os ligger i blandede felter af muligheder, som kun kommer til live når vores livs sang stimulerer dem ind i tilværelsen.

Udfoldelse ser ud som bevægelse, men det er kun et illusorisk trick af vore sanser. Der er ingen bevægelse, fordi der ikke er noget rum eller retning hos Det Ene Liv.

Alle niveauer af bevidsthed er lige i deres bidrag til Den Ene. Den samme perfektion flyder gennem den vise og tåben.

Livets strøm er ikke bevægelse. Dette er en illusion, som skyldes successiv fremhævelse af for altid eksisterende felter, ligesom noderne der bliver spillet på et klaver.

Mange værdsætter kundskab og søger det frem for alt andet. Men hvad er kundskab andet end den statiske perception af i gårs udfoldede liv?

Der kan ikke være noget videns hierarki, når det er defineret som ubesværet viden i nuet — en gave som er tilgængelig for alle.

Skønhed der afspejler Det Ene Livs uhindrede udtryk kan ikke forandres eller falme.

Der kan ikke være noget skønheds hierarki, når enhver individuel livsform udtrykker en unik facet af liv, der udfolder sig. Liljen kan ikke være skønnere end rosen.

Skønhed som et sandt udtryk for Det Uende-
lige Liv, må forny sig selv i tidløshed. Kosmos
understøtter ikke det statiske.

Når dem vi elsker overgiver sig til døden er vi
måske ikke i stand til at kommunikere mel-
lem de forskellige niveauer, men vi kan dette
indenfor vort Væsens Enhed. Døden kan ikke
adskille dette.

Ved at anerkende menneskets enhed, bliver
alle de menneskelige stammers forskellige
perspektiver vore og vi bliver rige inden i.

Vi tænker vi bærer vægten af svundne tider,
men for Det Ene Liv er kun et øjeblik passeret.

Nøglen til at træde ud af det lineære tidshjuls
bevægelse, ind i Det Ene Livs stilhed, er at op-
give ideen om relationer gennem at forstå, at
der kun er Et Væsen.

Lag af illusioner vil ikke blive frigivet før de-
res værdi er set. Accept er begyndelsen til
forandring.

Adskillelse har bragt komfort til de dele af
skabelsen, som har udviklet sig med forskel-
lige hastigheder. Erkend dette så adskillelse
yder til Enheden.

Forandringen af kosmos fra sommerfuglelarve
til sommerfugl kan synes katastrofal, men kun
fra Det Uendeliges perspektiv kan forandrin-
gernes perfektion ses.

Drømmen har forfinet kosmos i dets ud-
klæknings stadier. Drømmens redskaber var
rum og tid. Disse kan nu blive givet frie med
taknemmelighed.

Der er ikke noget begyndelses eller ankomst
sted. Der er intet behov for hastværk el-
ler stræben, når livet er set fra dette evige
perspektiv.

Ingen anerkendelse fra andre kan nogensinde
have værdi, for de kan ikke forstå vore livs
unikke perspektiver og bidrag.

Ingen selvanerkendelse er nødvendig for vi er
skabt for glædens skyld. Der er intet andet at
udrette end dyb nydelse af livet.

Modstand må taknemmeligt anerkendes som et redskab til individualisering. Det er det, der har aktiveret relationernes glade dans.

Ingenting har nogensinde været ude af kontrol i livet. Det ser blot sådan ud fra vores lille perspektiv.

Sandhed er alt som eksisterer og er grundlaget
for livet. Illusion er det midlertidige redskab
for sandheden.

Hierarkier i livet deler medmindre vi forstår,
at vi både er livets høje og lave punkter; sym-
foniens høje og lave noder.

Vi føler ofte ansvar for at opretholde harmoni i vore omgivelser. Fra det større perspektiv er der kun harmoni, der er således intet at opretholde.

Overvej livets fejlfrihed og det vil afsløre sig selv til dig i endeløse synkronisiteter.

Skyggerne i vore liv er ikke andet end de tricks vi spiller os selv, for at udtrykke tidligere undertrykte potentialer.

Hvad enten vi kæmper for at vågne eller tillader det at komme uden anstrengelse, kommer hver forståelse på det nøjagtige tidspunkt, som Det Ene Liv har haft til hensigt.

Gennem os udtrykker Det Ene Liv sig fejl-frit og til trods for os selv. Den blide violin og de tordnende trommer er lige vigtige i symfonien.

Livet er et perfekt instrueret spil og enhver spiller sin del. Selv om der tilsyneladende forekommer apati i en del af en karakter, så er det skrevet ind i manuskriptet.

Livet spinder omkring et enkelt punkt. Enhver
af os er et sådant omdrejningspunkt, idet vi
påvirker det hele med enhver handling i et-
hvert øjeblik.

Størrelse betyder intet for Det Uendelige, som
hviler i rumløshed i rummet. Fordi vi ser ver-
den som stor og os selv som små, tror vi ver-
den kan påvirke os. I vores virkelighed som
en port for Det Ene Liv er vi årsagen og ikke
virkningen.

Den tilsyneladende lykke hos nogle som lever
i livets trædemølle er en illusion. Lykke er ikke
tilfredsstillelse af vore ønsker, men tilfredsstil-
lelse uden at have ønsker.

Vi tøver med at handle før vi kan sikre et for-
delagtigt resultat, Alle resultater er fordelag-
tige i Det Uendeliges gavmildhed.

Lad livet udfolde sig gennem os spontant og uden svig, vugget i visheden om, at livet er gavmildt for alle individer.

Ved at overgive os til ensomheden finder vi ud af, at der ikke er noget andet væsen end Os Selv, dette fører eventuelt til fylden ved at vide, at vi er alting.

Alle komfort zoner består af det familiære og
det kendte, hvad enten man er i ego identifika-
tion eller i mestringen af ekspansion. Livet må
blive det uerkendelige for at blive et med Det
Uendelige.

Ingen vækst er nødvendig, men der kan heller
ikke være stagnation, Stagnation må give til
Det Ene Livs sprudlende fossende fremdrift.

Det er i den uskyldiges opdagelse af livet, at mesteren er født. Lad vort mantra være, **jeg ved intet. Jeg Erfarer alting i mit væsens tidløshed.**

Tendensen til at rubricere dele af vores liv for at pacificere fornuften og forsyne illusionen med forudsigelighed, slavebinder os til form. For at omgå dette, må vi opleve livet med fuld opmærksomhed på nuet.

Jo mere vi fokuser på én ting og dermed ude-
lukker andre, jo mere begrænset bliver vores
liv. Fokusering på en del af livet, er som et
forsøg på at holde et fossende springvand i en
spand.

Vi er som døråbninger til Det Uendeliges
medfølelse. At elske andre før man elsker sig
selv er ikke muligt, fordi selvkærlighed er det
som åbner hjertets dør.

Alle typer af kærlighed undtagen Guddom-
melig medfølelse, er kun menneskeskabt.
Menneskets kærlighed binder, Guddommelig
medfølelse sætter alle muligheder fri.

Når vi ikke lever med erkendelsen af livets
forbundenhed, forårsager fragmenteringen af
selvet selvoptagethedens galskab.

Overbevisning er ikke ensbetydende med nøj-
agtighed. Dog følger mange dette blindt, fordi
vi er vildledte til at tro vi kan vide, men livet
er i sin essens uerkendeligt.

Genialitet har intet intellekt. Det er til stede
i mesteren med tomhed i sindet, som uan-
strengt viden.

Frygten for at lave fejltagelser koblet med er-
kendelsen af, at livet er uerkendeligt, medfører
at mennesket klamrer sig til fragmenter af
gårdsdagens sandheder. Det er i selvtillid som
Det Ene Væsen, at vi slipper det forældede.

Vi tror vi nøler, men kosmos udfolder sig med
ulastelig timing. Vi er altid præcis til tiden.

Timingen af livets dans er dirigeret af noget, der synes som forsinkelser. Men dansetrinenes timing er fejlfri.

Den dybt siddende frygt, at Det Ene Liv kan opføre sig destruktivt kommer af, at se ødelæggelsen af det gamle som katastrofal. Fra det større evige perspektiv, udfolder livet sig rigt og yndefuldt.

Bevidsthedens ocean som enhver af os er, be-
græder ikke sine tab eller glæder sig over sine
gevinster. Oceanet er i sin fylde med ebbe og
flod et endeløst udtryk for sig selv.

Som et trodsigt barn der udfordrer autoriteten
af det Ene Livs vejledning, se med mild humor
på sindets narrestreger. Men som en vis foræl-
der, undlad at give efter for dem.

I livets spil spiller de, der er de planetariske lysbærere rollen som livets arketypiske om- drejningspunkt. Denne underbevidste viden kan tilskynde dem til at redde verden, men livet drejer uanstrengt gennem dem.

Fordi livet bevæger sig gennem os, har vi intet valg og derfor intet ansvar. Begrebet frihed er ligesom hånden, der siger til kroppen, "jeg øn- sker at blive fri".

Stammen er en af livets timings mekanismer. Den prøver at binde med konformitet, idet den holder mennesket i middelmådighed. De som ønsker at leve med mest mulig kvalitet må bryde fri fra stammen.

Gårsdagens visdom endte gårsdagens drøm. Det har meget lidt nytte at slutte dagens drøm.

Hvis du fodrer tigeren vil den i stedet tage din
hånd. Det er ikke etisk at passivisere og for-
kæle det uvirkelige. Det er dysfunktionelt.

Livets eksisterende udfoldelse er ikke mærk-
bar, fordi alt liv bevæger og forandrer sig
straks. Dette skaber ingen reference punkt til
måling af forandring. Livet er fuldstændigt
nyt hvert øjeblik.

I søgningen efter opdagelsen af selvet søger nogen det i andre. Den vise søger det i det metafysiske kosmos. Begge er lige velbegrundede i afsløringen af det uophørlige mysterium.

Selverkendelse går forud for kærlighed til én selv. Men den eneste selverkendelse vi nogensinde kan få er den, at vi er Det Ene Livs ufejlbarlige og rene instrument.

Jo mere vi stræber efter oplysning, jo stærkere er trækket for at holde os nede. Levitation må balanceres med tyngdekraften. Kun i forandringsløs forandring er der ingen polaritet.

For at opretholde udfoldelsen af Det Ene Liv, skaber vore bestræbelser på at kaste lys over livet forøget illusion om skyggevæsener. På den måde er den kosmiske symfoni altid i harmoni.

"Der er ingen skyggevæsener" siger det kendtes lærer, mens han svømmer rundt i lysets uvirkelige fiskebowle. "Der er uvirkelige skyggevæsener" siger det ukendtes lærer, mens han skaber dem ved adgang til det uudtrykte potentiale de repræsenterer.

Skabelse er en drøm, for i Det Ene Liv kan der aldrig være individualisering. I fuldt samarbejde med Det Uendelige bliver det en behagelig drøm.

Strukturerede livsprogrammer, så som social betingning, virker som en virus i forhold til livet. Dette forårsager en disharmonisk virkelighed. Observer oprindelsen til dine handlinger, at de ikke er fra programmering.

Så længe nogen programmering eksisterer i vore liv, er vore følelser upålidelige kilder for bibringelse af Det Ene Livs udfoldelse gennem os.

Der er ingen bestemmelse eller skæbne. Der
venter os ingen guddommelig mission vi er
nødt til at opfylde. Det er fornuftens tyranni
der kræver, at vi retfærdiggør vor eksistens
hinsides glæden ved at leve.

Mange tror der er afgørende øjeblikke vi må
gribe, for at optimere livets muligheder. Fordi
livet er uforudsigeligt, kan de kun blive set i
tilbageblikket, og de er de uophørlige foran-
dringer i Det Ene Liv.

Korrekthed er ikke andet end en andens vær-
dier, der censurerer vore handlinger. Lad fri-
hed fra bekymringer over andres bedømmel-
ser og meninger være en bevidst beslutning.

Tale uden ægthed styrker de maskuline, ad-
skillende kvaliteter i livet. Tale fra hjertet
fremmer det inkluderende.

Mange overtaler ved at aktivere den overbe-
visning, der ubevidst ligger i stemmens toner.
For at forhindre dig selv i at blive et bytte for
dette, lyt detacheret.

Sproget hos én som formidler fakta er dødt.
Ordene fra én som taler fra hjertet er levende.
Dette er fordi de indeholder det fulde spek-
trum af toner.

Tal kun når dit hjerte ansporer dig til at gøre
det. Kun da vil dine ord være af androgyn
natur. På denne måde taler du Det Uendelige
Livs sprog.

Lad din tale være en årsag hellere end en ef-
fekt af en andens tale. Det er mesterligt at sva-
re og tåbeligt at reagere.

Forsvar ikke dig selv. Hvilken brug er der for
at én, der dvæler i Det Ene Livs uskyldighed,
beviser at det er sådan? Intet andet end uskyl-
dighed eksisterer.

Den som taler kan ikke lytte. Livet hvisker
sine mysterier ind i øret på den, som lytter i
stilhed.

Der er dem, der taler i cirkler og dem, som taler i en lige linie. Lyt til meningen bag cirklen og føl meningen bag det oplagte i den lige linje.

Mange programmer designet af sindet, så som religion, har reduceret værdien af kroppen. Disse er værktøjer til at kontrollere kroppens ubeskrivelige under.

Kroppen i sin sande tilstand er ikke et emne
for døden. Kun når dens lys ikke er koblet
med klarhed kan den dø. Klarhed udtrykkes
gennem at leve autentisk.

Reinkarnation opstår fordi vi undgår dele af
livet. Derfor vakler vi gennem livene, mellem
det vi undgår og det vi omfavner.

Når vi lever et programmeret liv, som et møl i et edderkoppespind, kan vi ikke vide når en anden tråd af underbevidst programmering fanger os. Frihed fra betingning vil åbenbare indtrængen af en andens tanker.

Lad der ikke være fortrydelse over rigtige handlinger. Enhver handling man udfører når man lever autentisk, gavner alle involverede, uanset om det er klart eller ikke.

Jo mere vi ser guddommeligheden i andre og jo mere vi anerkender enhed, jo mere bliver deres unikke gaver vores.

Når livet bevæger sig gennem os kan dets dans opføres med glæde eller modstand. Glæde kommer af en følelse af eventyr og tilfredshed, som kommer af overgivelse.

Ingen historie eksisterer. Ingen fremtid venter. Kun øjeblikket som strækker sig ind i evigheden.

At være alene er begyndelsen på storhed. Det er stedet, hvor vi møder Den Uendelige Ene.

Blindhed kommer af loyalitet. Se andre i dine
omgivelser som nye hver dag, så du ikke
holder dem fanget ved at give efter for deres
tåbeligheder.

Alt som er sket før har bragt dig til nuets per-
fektion, begyndelsen på tidløshed og fødeste-
det for Det Evige Liv.

Slutning

Velsign lænkerne som har bundet dig, på samme måde som sommerfuglelarven i taknemlighed modtager sin puppes husly. Vi har ligget i inkubation, mens vi har ventet på at træde ind i Det Ene Livs majestætiske nærvær.

Som sommerfuglen der flyver på vinden og spreder sine vinger i solens stråler, husk ikke din indespærring med fortrydelse. Det har været livmoderen for din fødsel ind i ufejlbarlighed.

Aldrig mere skal du se dine refleksioner på væggene af din indespærring, ej heller stirre på det forvrængede billede af din gamle identitet. For det du er blevet, kan ikke defineres af det begrænsede udgangspunkt fra din gamle, jordbundne eksistens. Aldrig mere skal du slumre i puppen af halvglemte drømme. Du har blandet dig med græsset, som danser løssluppent i vinden. Du er barnet og forældrene af Det Ene Liv.

www.ingramcontent.com/pod-product-compliance
Lightning Source LLC
Chambersburg PA
CBHW030638150426
42813CB00050B/149

* 9 7 8 1 9 3 6 9 2 6 5 8 9 *